Charlotte Fröhlich wurde am 01. Mai 1947
in St. Johann in Tirol geboren.

Ihr Vater war gebürtiger Tiroler und ihre Mutter stammte aus Westfalen. Somit war für die Autorin und ihrer Schwester ein stetiger Wohnortswechsel vorbestimmt. Die ersten sechs Jahre verbrachte sie in Tirol, die nächsten sechs in Münster in Nordrhein-Westfalen. Sie selbst bezeichnet sich dadurch oftmals als „Wolpertinger".

Am liebsten war und ist sie in Tirol, liebt ihr Land und die Menschen, welche sowohl die Natur samt allen Lebewesen wertschätzen. Die Autorin wurde sehr früh Mutter und hat 3 erwachsene Töchter und vier Enkelkinder. Vierzig Jahre waren ihre Kinder und Enkelkinder das Wichtigste in ihrem Leben.

Erst im Rentenalter fand sie Zeit sich auf ihre Talente zu besinnen und fing an Bücher zu schreiben. Zur Entspannung malt sie autodidaktisch Bilder, die sie am liebsten an ihre Familie verschenkt.

Die Autorin war lange Zeit Gastronomin in Bayern und hat mit vielen Menschen gesprochen, viel Leid und Freud erlebt und viele Schicksale bedauert. Sie hat viel zu berichten und möchte der zukünftigen Generation noch weitere Geschichten erzählen.

Die Autorin

Charlotte Fröhlich

VITA

Geboren am 1.Mai 1947 in St. Johann in Tirol
Geschieden, 3 Töchter, 4 Enkelkinder
Ehemalige Gastronomin,
Nun Malerin und Autorin
E-Mail: cha-mai@t-online.de

© 2020 Charlotte Fröhlich
Umschlag, Illustration:

Verlag und Druck: Tredition GmbH, Halenreie 40-44, 22359 Hamburg

ISBN
Paperback: 978-3-347-20834-6
Hardcover: 978-3-347-20835-3
e-Book: 978-3-347-20836-0

CHARLOTTE FRÖHLICH

LILABELLS GEDICHTE

Leben ist nur ein Besuch

Inhaltsverzeichnis

Vorwort

Lilabells

Sehnsucht auf der Erde zu leben, wird immer größer und stärker.

Sehnen bedeutet in der Welt der vielen Möglichkeiten, die Realität kennenlernen zu wollen. Zu erleben und erfühlen, was es bedeutet, greifbar und anfassbar zu sein in einer unrealistischen Welt. Die Welt, die ihr in aller Pracht Schönheit und Frohsinn vorgaukelt.

Für sie und all jenen, die ebenfalls im Vakuum schweben, stellt sich die Frage: wie ist es lebendig zu sein? Diese Frage wird ein Wunsch, befruchtet von Hoffnung und Sehnsucht nach Erfüllung.

Diese Teilchen, welche es schaffen dem Schwebezustand zu entgleiten, um auf der Erde die Lebendigkeit zu erreichen, verfügen über genügend intensive Energien, um für lange Momente den Sog der Materie zu umschwirren, bis irgendwann ein Loch erscheint und sie verschlingt.

So geschah es auch bei Lilabell!

Lilabell will auf die Erde

Ihr Wesen ist wie eine Woge

Getragen von Wesen der Vergangenheitsloge

Nicht sichtbar, nur spürbar

Verankert ist in ihr das wesentliche Tragen in die
Vermeintlich

Nichts ahnende Zukunft

Nehmen sie

Schicken sie eingemummt auf den Gipfel der

Lebensrutsche, lassen sie los

Während sie unwissend hinunterrutscht

Von der nicht erprobten Geschwindigkeit

überrascht

Bespritzt mit Nässe

Landet sie in dem selbsterwählten Tal der
Menschheit

Ihr Wesen ist rein

Am Tag ihrer Geburt, ist sie klar und fein

Gefüllt mit allen Kommandos für ihr Leben

Die, die sich verantwortlich für sie zeigen

Hüllen sie ein in Geboten und Verboten

Anstatt ihr fühlen zu lernen

Umsorgen sie sie

In einem Sack der eigenen Erfahrungen

Mit geprägten Werten

Welche sie selbst nie nachgedacht

Nicht die Wahrheitsfindung zeitlebens prüften

Sie wird aufgefangen und getröstet

Getadelt und beschimpft für ihre Unerfahrenheit

In ihr entsteht Angst

im Erfahren der Wirklichkeit

Sie vergisst den Zauber ihres Wesens

und das Wunder, dass in ihr verborgen ist

Was sucht Lilabell auf Erden

Sie ist auf die Welt gekommen

Um sich zu verbinden mit den Bewohnern

Sich mit ihnen zu erfreuen

An der Schönheit

Der, für alle Lebewesen geschaffenen Welt

Sie sah euch im Traum auf dieser

Schönen Erde lebend, wollte zu euch

Sie hat einen Platz gefunden in dieser

Bezaubernden und sich stets erneuernden Welt

Sie hat euch gefunden und verloren

Sie erfuhr nicht das Ersehnte –

Einigkeit und Gleichheit der Menschen zueinander

Es fühlte sich merkwürdig

An das Sein - hier

Sie hat den Spaß auch im Tränenland erkannt

Im Sterben der Blumen den Tod erahnt,

Hoffnung und Glaube an der

Blütenpracht im Frühling gewonnen

Das Wunder zu verstehen liegt in ihr!

Lilabell ist allein

Sie sieht dich, Mutter, die sie auf ihre Reise

Durch die Welt begleiten soll

Nicht nur für Augenblicke

Einige Momente

Sie bettelt dich, länger zu verweilen

Ihr die

Chance zu geben

Sich an dich zu gewöhnen

Um an deiner Seite die Welt zu ertasten

Du wolltest nicht bleiben

Du zeigtest ihr nur kurz den Weg

Du wolltest zurück in den See der Seelen

Du wolltest ihr nur das Leben schenken,

Lässt sie allein

Sie greift nach ihrer unsichtbaren Hand!

Lilabells Fragen

Wie wird es sich anfühlen
allein diese Welt zu erobern

Wie wird es sein, "Neues"
Zu erfahren

Wird sie diesem Streben nach Wachstum
Folgen können

Wird sie erkennen, was und wer ein Schatz ist
Wert genug
Ihn als Gepäck für ihre Reise zu sammeln

Wird sie Nützliches finden
Unnützes liegen lassen lernen

Wird sie es schaffen, sich vermehren,

Ihre Familie zu ernähren, wie es alle tun

Wird sie Weisheit genug finden,

Um sie der Jugend zu präsentieren

Wird sie die richtigen Lehrmeister finden
Und erkennen

Wird sie irgendwann gelernt haben,

Was gut tut und was schadet

Wie oft wird sie Menschen treffen, um lachen
Und weinen zu lernen

Wie oft wird sie Menschen begegnen, welchen
Sie helfen darf und die ihr helfen

**Sie ist ein Teil des Ganzen und ihr Teilchen
wird fündig!**

Antwort an Lilabell

Nur sie allein spürt,
Wie sich ihr Leben verzerrt, verbiegt, vernebelt

Nur sie allein kann Zufriedenheit finden

Nur sie allein ist die Herrin ihrer dunklen
Gedanken am hellen Tag

Nur sie allein ist die Herrscherin ihres Körpers

Nur sie allein ist der Stab, der sie durch ihr
Leben führt

Und nichts daran ist traurig.

Sie ist wunderbar traurig und glückselig

Die Liebe mit ihren goldenen Fäden

Wenn sie dich umwogt und umwebt

Du verlierst den Anfang und das Ende

Dein Fühlen ist nur noch flüssig

Wenn du nicht mehr irdisch gehst

Nur noch schwebend dich nach

Absoluter Nähe sehnst

Wenn du merkst, wie sie entschwindet aus dir

Die Qual der Entsagung stattdessen dir den

Atem raubt

Und sie versteht, dass es nicht Liebe

Sondern Leidenschaft war!

Und dennoch…..

Beglückt dieser Augenblick, der sie
Himmlische Gefühle langsam spüren lässt,
Sie wiegt und ihr strahlende Sterne des Glücks in
Ihre Sinne zaubert

Sie spürt Seligkeit
Die passende Wärme findet sie in der Grube
ihres Körpers
Die ihr
Vom gesunden Schlaf danach vorschwärmt

Es fängt sie ein mit Sinnlichkeit
Entzückt sie mit weicher Haut, erregt mit
Zärtlichkeit
Nimmt sich wortlos was sie wollte

Dieses Gefühl besitzt keine Ewigkeit?

Sondern....

Es will ihr, ihre wundervollen

Launen austreiben

Sie lässt es nicht zu

Sie ist einzigartig

Mit unergründlichen

Tiefen ausgestattet

Erfinderisch, vielseitig

Sie lässt alle in ihren dunklen

Brunnen schauen

Bitte sie, nach dem Diadem zu tauchen

Nur dort werden sie ihren

Lohn, die Liebe finden?

Lilalbell

Sie weiß nicht, wie lange sie auf dieser

Herrlichen Wiese lag

Sie weiß nur, dass sein Herzschlag den Lauten
Des Himmels glich

Sie weiß nur, dass der Duft seines Körpers,
Dem der wilden Blumenwiese glich

Sie weiß nur, dass die Wärme seines

Körpers, dem der Sonnenstrahlen glich

Sie weiß nur noch, dass seine letzten Worte

Dem eines Donnerschlags glichen

Und ihr Verstand erkannte Liebeskummer !

Lilabell wird

…..ein Wirbelwind

Getragen vom warmen Sonnenstrahl

Der sie umfängt, wärmt und kitzelt

Bei dir verweilt für wunderschöne Augenblicke

Sich lachend von dir einfangen lässt

Um dir sanft wieder durch die Finger zu entgleiten

….. ein Flügelschlag

Im Sturm, wild und trotzig und

Ein Schnabel, der sich in dich stürzt um dich

In die Lüfte der Sehnsucht zu erheben

..... ein Flimmern und Flattern

Unwirklich und unwahr

Für die Zeit in der sie ohne dich sein muss

…. eine gepflückte Blume

Verwelkt am Wegrand

Liegend ohne deine Nässe

...... ein Stein

grau und stumpf und ohne Glimmer

Einsam auf der Straße liegend

nur noch einen Tritt wert ohne dich

Das schmerzt nun auch dich!

Lilabell und die Musik

Sie folgt dem inneren Ruf
Sucht und findet ein Klavier

Sinnlich streichelt sie über die Tasten
Gefühle, Liebe, Leidenschaft und Trauer
Haben die musische Saite in ihr geöffnet
Sie spürt die zarten Höhen und die harten
Tiefen aller Töne, welche
Vibrieren in ihrer Seele
Klänge zaubern
Sie schließt ihre Augen
Härchen richten sich auf und tanzen
In der Luft und schicken sie in Trance
Ähnlich wie im Liebesakt

Sie hat ihr Talent gefunden!

Lilabell erkennt....

die Realität

.... ahnt, sie ist wahrhaftig

die Wirklichkeit

.....welche sich bizarr jedem anders zeigt

die Lebewesen

.....welche stets ihr Äußeres wechseln

die Menschen

....welche sich nicht **wahr**nehmen

die Wahrheit

....welche stets parat im Traum erscheint

Für die Ewigkeit!

Lilabells Welt in dieser Welt

Ein Palmenzweig streichelt im Wind ihre Haut

Ihre Nase schnuppert den

Duft von Wasser und Luft

Ihre Ohren hören das

Klatschen der Wellen am Strand

Ihre nackten Füße spüren das

Kitzeln des Sandes

Ihr Körper landet im Wasser und taucht in die Wellen

Offene Augen blicken in die wässrige Welt

Ihr Atem verlangt nach Luft!

Ihr nackter Körper liegt nass im heißen Sand und spürt das Lecken der Sonnenstrahlen. Ihre Augen sind geschlossen und sehen trotzdem das Flimmern der Sonne

Ihre Haut verlangt nach Schatten!

Ein Fels am Rande des Meeres ist ihr Thron, um
Dem Farbenaustausch des Tages mit der Nacht
Ehrfürchtig zu betrachten

Wie prächtig breitet die Sonne ihr Nachthemd
Über sich und verschwindet seicht im buntgefärbten
Meer

Wie harmonisch und weich

Erlaubt der helle Schein dem Blau des Himmels
Sich zu verstecken

Wie majestätisch und lautlos der Mond erscheint
und der Dunkelheit sanfte Schleier schenkt

Wie Abertausend große und Billionen
kleine glitzernde Sterne den Mond auf die
Nächtliche Reise begleiten

Wie beruhigend das leise, gleichmäßige
Rauschen des Meeres ist, während es dem
Mond als Spiegel dient

Ihr Körper verlangt nach Tiefe!

Langsam versinkt sie

Nackt im dunklen Meer

Gleitet auf dem Rücken

Mit ausgebreiteten Armen

Schwerelos auf den warmen Wellen

Ihre Augen versinken

In das schwarze Loch des Universums

Sind verzaubert über das Licht, welches ihr

Myraden schillernder Sterne zeigen

Ihr Körper verlangt nach Höhe!

Mit festen Schuhen am Boden stehend

Den Duft der Bergwelt einatmend

Demütig und stumm zum majestätischen

Gipfel blickend

Mit ehrwürdigem Wunsch

Ihn zu erreichen

Erfüllt sie sich

Stundenlang

Schritt für Schritt

Kletternd ihren Wunsch

Ihre Hände fühlen die felsige Härte

Ihr Blick richtet sich in die blaue

Ferne des Himmels.

Ihr Wille ist groß und stark und siegt!

Tiefer Atem dringt in ihre Lunge
Die Herrlichkeit der Bergwelt erzeugt Honig in ihrer
Seele
Ihre Ohren hören pfeifende Töne des Windes

Sie ist hoch genug
Um die Realität dort unten nicht wahrzunehmen
…..Hoch genug
Um den Lärm, Staub und Schmutz nicht zu
Sehen und zu riechen
Hoch und fern genug vor Verführung, Laster, Lust,
Tod und Schande, nur
Friedvolle Einsamkeit und Ruhe

Nur einen Tritt entfernt von der schwebenden
Ewigkeit
Wird ihr bewusst,
Sie will noch nicht zurück ins Universum,
Sondern in das Tal
Um die Wirklichkeit ihres weltlichen Seins
Bis zum Ende zu erfahren

***Sie findet die Welt groß genug, rund genug,
schön genug, um glücklich zu sein!***

Lilabell wird Mutter

Hier in dieser Stille

Senkt sich unbewusst

Aus dem nahen Himmel

Etwas in ihr

Sie kann den Himmel sinnlich greifen

Verschmilzt in

Seinem Segen

Sie weiß nicht wohin ihre Schritte sie lenken

Sie lässt es zu und wird geführt

Nicht vom Verstand

Es führt sie unbewusst

Ein Wesen, dass auf die Erde will

Zu ihr

Es führt sie ihr hungriger und durstiger
Magen
In die Nähe der Erfüllung
Es stillt ihren Hunger
Es stillt ihren Durst
Es stillt ihr irdisches Verlangen

Vereint   sich
Verführerisch mit   strahlenden Augen
Die   Zärtlichkeit   und   die Begierde
Treiben sie in starke männliche Arme
Lässt sie in eine wundervolle
Liebesnacht
versinken.

Und sie erfuhr
eine göttliche Leidenschaft an Körper
Geist und Seele

Lilalbell

Und schlief selig,

Dank der irdischen Genüsse,

Umarmt von starken Armen

Aus der Seligkeit erwacht,

Lag sie in einem leeren Bett

Es war eine wundervolle Wirklichkeit

Welche heimlich und leise verschwand und

Für alle Ewigkeit zu einem

Kleinod ihrer Träume wechselt

Sie sucht nicht

Nimmt was ihr geschenkt

Für wundervolle Stunden

Und schritt weiter

Ihren vorgegebenen Weg

Und erhält das Beste ihres Lebens!

Das beste Geschenk des Lebens ist die Liebe

In Form eines kleinen Menschen

Mit seiner unglaublichen Energie,

Welche ICH verändert zum

WIR

Vollkommen verlässt…..

Ein neues Herz

Eine neue Haut

Neue Gedanken

Ein neuer Sinn

Ein neuer Geschmack

Ein neues Fühlen

… Ihren Körper

Im tiefen, kaum ertragbaren Schmerz und Macht
sie unendlich glücklich

Sie hält dieses Glück fest in ihren Armen, fühlt sich
das erste Mal auf Erden nicht allein

Ein schwebender Wunsch wird Materie!

Lilabells Glück

Sie zaubert für dich……

Mit Worten - ein Lächeln

Mit Gefühlen - Wohlbefinden

Mit Händen - Wärme

Mit Wissen - neue Wege des Lebens

Mit Augen - ein Strahlen

Mit Humor - Aufheiterung

Mit Ohren - Aufmerksamkeit

Mit Umarmung – Trost

Mit Respekt - Vertrauen

Nie wird sie dir erklären, „Wie" es ist,

immer nur, „Was" es ist

Verlust

Wie schön war die Welt mit dir

Deine Augen

Dein Lachen

Deine Tränen

Dein Wachsen

Dein Weinen

Dein Schlaf

Dein Wachsein

Dein Toben

Dein Schweigen

Für lange Zeit eine beharrliche, sich stets

Verändernde Wirklichkeit

Lässt sie allein zurück und wird

Ein Juwel ihrer Träume!

Wie soll sie ohne dich glücklich sein

Wie soll sie Freude finden auf ihren Weg

Niemals wieder wird sie diese Glück erleben

Lass sie Jahre trauern

Lass sie Jahre zu sich finden

Lass sie los

Kind

Niemand gehört jemand, wir alle gehören uns!

Lilabells Flucht in die Traumwelt

Je mehr sie erfahren muss
Je mehr sie sehen muss
Je mehr sie hören muss
Je mehr sie fühlen muss

Wie grausam sich Wirklichkeit und Realität
In dieser schönen Welt
Schamlos, räuberisch sich himmlisches Gut aneignen

Wie flehende Augen und hilflose Wesen
Bitten um Schutz
Arrogante Blicke angewidert
Rosarote Gucci Brillen tragen

Wie gerodete Wälder als Möbel dienen
Plastik und Müll blau schimmernde
Meere schlucken.
Wie Tiere in Massen zu kurzem Leben gezeugt
Wie Vögel den Kampf gegen Flugzeuge verlieren

Wie Geschenke der Natur dienen
Zum Gelder horten für satte Menschen

Naturzerstörung um den
Enkeln eine mit Münzen bepflanzte
Erde zu hinterlassen

Wie Menschen mit Herz gezwungen werden
Objekte der Bereicherung zu sein
Als sie sieht, wie das Glück
Sich von den Menschen entfernt

***Erfüllt sie große Trauer und Angst
um ihre schöne Traumwelt!***

Licht der Ewigkeit

Viele Jahre hat sie dich genossen und bedauert

Liebe Erde

Mit Menschen

Mit Kunst

Mit Eroberung

Mit Lachen

Mit Weinen

Mit Missfallen

Mit Genuss

Mit Liebe

Mit Verantwortung

Mit Ausgelassenheit

Mit Trauer

Mit Verlust

Mit Gewinn

Es ist so irreführend unwirklich dieses Leben auf Erden!

Lilalbell

Die Wirklichkeit auf Erden
Ist wie ein Film
Spielt jeden Moment eine neue Szene
Wehe den Wesen, ohne schauspielerischem Talent

Schenkt Überfluss
Verlangt nicht nach Dank
Nur nach Pflege und Fürsorge

Es ist eine ewige Suche nach verlorener
Gemeinsamkeit
Ein Trachten nach Ungewissheit

Jedes Lebewesen erhält ursprünglich genug
Kraft, Energie und Freude
Um gelassen sein Leben zu genießen
Frönt jedoch bleierner Unzufriedenheit auf Erden

Seltsam, und dennoch herrscht die Angst vor
dem Ende dieser Lebensart!

Lilabell geht zurück ins Universum

Sie wünscht sich ohne Angst zurück ins
Universum
Zu den gemeinsam im Vakuum schwebenden
Teilchen ohne Materie
Trägt ihre Erkenntnisse in den
See der Seelen

Ein helles Licht
Führt ihre Seele zart zurück
Sie verläßt gern
Materie, Realität, Zeit und Wirklichkeit
Der Stoff aus dem die Träume sind,
ist ihr Begleiter

*Sie freut sich auf ihre Ewigkeit im Traum und
dem Beginn der Inspiration*

In der Vergangenheitsloge

Bezieht sie als Wissende

Den Raum der Visionen

Hier spürt sie eine tiefe

Verbundenheit mit den Seelen der Menschen

Ihre Energie und ihre Informationen

Sind Milch für euren Spirit

Eure Gedanken landen hier

Je intensiver ihr wünscht

Um so schneller erhaltet

Ihr Erfüllung.

Wenn ihr Herr über Wind und Wellen,
Gezeiten und Schwerkraft seid,

werdet ihr Euch die Energien der Liebe
nutzbar machen

... erst dann wird der Mensch zum zweiten
Mal in der Weltgeshichte das

Feuer entdecken.

(Pierre Teilhard de Chardin)

Alle Teilchen kommen perfekt ausgestattet
auf die Erde

Die Materie ist der Körper,
Er verlangt nach Pflege
Das Gehirn ist das Werkzeug
Es verlangt nach Führung
Der Wille versteht nur zwei Kommandos
Er will, er will nicht
Der Spirit trägt das JA zum See der Seelen
Bereichert es mit Intuition
Erfüllt jeden Wunsch

Bedingt durch Glaube an die
Verbindung mit dem universellen Positivum,
Verzicht auf menschliche Schattenseiten

Jedes Wesen betritt die Erde
Perfekt ausgestattet
Mit Gefühl um Zusammenhänge
Zu verstehen
Mit Vertrauen zu sich selbst
Mit Überzeugung,
Sein Leben in seiner Form zu gestalten
Mit Kraft und Wille,
es zu bewältigen

Bewundere, schütze und begleite,

Zerstöre es nicht!

Nie kann der Mensch,
Die Perfektion der Allmacht erreichen
So sehr er auch danach strebt

Atme

Bewusst und lebe

Lass durch den Zeh des linken Fußes

Den Sand des Lebens rieseln

In dem Zeh des rechten Fußes bewundere

Das Blühen eines Gänseblümchens

Throne mit dem Gesäß

Über den Köpfen der Menschen

Wende das Gesicht dem Firmament zu

Fürchte nicht die Faust Gottes

Schmiege ein zufriedenes

Lächeln in seine Hände

48

Zeitfracht Medien GmbH
Ferdinand-Jühlke-Straße 7
99095 Erfurt, Deutschland
produktsicherheit@kolibri360.de